LA MISSION ET LA CATHÉDRALE DE BRAZZAVILLE.

L'ÉQUILIBRE AFRICAIN

Lorsque, en 1884, se réunit à Berlin le Congrès appelé à faire à chacune des puissances européennes établies en Afrique sa part respective de conquête et d'influence, en même temps que les divers champs d'action se délimiteraient, l'ère des explorations purement scientifiques fut clôturée et celle des rivalités politiques s'ouvrit. Dès ce moment, les prétendants à la suprématie coloniale et commerciale dans cette partie du monde ne songèrent plus qu'à s'y créer des débouchés, à y étendre leurs territoires et à y faire prévaloir leurs intérêts économiques avec leurs visées aux protectorats, préludes des annexions. Les idées humanitaires servirent de pavillon à ces ambitions. Il n'est question au début que de mettre fin à la traite des nègres, de frayer des voies à la civilisation, de poursuivre jusque dans l'intérieur du continent noir l'œuvre de pénétration, qui doit arracher les populations indigènes à la barbarie. En réalité, à mesure que l'on marche de l'avant, on fonde des stations militaires, on occupe le pays, en attendant qu'on puisse l'exploiter. C'est ce qu'ont fait et l'Angleterre en favorisant les expéditions de Mac Intosh sur le Niger, de Colquhoun sur le Zambèze, et l'Association internationale en devenant l'État libre du Congo. La force même des choses dictait aux autres nations l'obligation de suivre cet exemple. Aussi ne saurait-on reprocher au Portugal d'avoir donné ce caractère à la mission Serpa-Pinto, à l'Allemagne d'avoir travaillé dans le même sens au Togo et au Cameroun, à la France d'avoir espéré les mêmes résultats des missions organisées par le comité de l'Afrique français et confiées à Monteil, à Mizon, à Dybowski, à Maistre, d'avoir, dans les mêmes intentions, envoyé Voulet dans le Mossi, Marchand dans le Bahr-el-Ghazal. C'est qu'il y a désormais, pour les peuples d'Europe, à l'étroit dans leurs frontières, des lois inéluctables d'expansion qui les poussent, tour à tour, dans la bataille utilitaire et qui substituent forcément la recherche des avantages personnels pratiques et matériels aux entreprises altruistes que préconisaient les philosophes du dix-huitième siècle. L'esprit positif commande des projets tout différents de ceux qui étaient jadis le rêve de l'école idéaliste et sentimentale. La maxime « chacun chez soi, chacun pour soi » est la seule règle de conduite possible, en présence des efforts de tous pour s'arroger exclusivement la mainmise sur la carte d'Afrique ou d'Asie, les seules qui se remanient encore aujourd'hui sans que l'Europe elle-même prenne feu.

Cependant, le moment approche où ces remaniements cesseront par suite de l'occupation de toutes les positions. Le Congrès de Berlin, en prévision de ce partage définitif, a tâché d'organiser l'équilibre africain. L'acte synallagmatique intervenu entre la France, l'Allemagne, l'Angleterre, l'Espagne, les États-Unis, le Portugal, la Belgique, les Pays-Bas, l'Italie, la Russie et l'Autriche-Hongrie, représentés par leurs plénipotentiaires, est assurément un de ces instruments diplomatiques dont l'autorité et la portée sont trop hautes pour n'en point tenir compte, mais les événements ont démontré que des circonstances peuvent inviter à des infractions au contrat et que les procédés comminatoires — on l'a vu à l'occasion de l'affaire de Fachoda — peuvent toujours s'affirmer en certains cas quand la raison d'État jugera possible et opportun d'invoquer la force primant le droit.

Ainsi, l'article 12 de la convention internationale de 1884 stipule que les dissentiments graves pour la délimitation des possessions territoriales entre puissances seront soumis à l'arbitrage, afin d'empêcher les conflits armés. Malheureusement, cette stipulation est dépourvue de sanction, et aucun des orateurs anglais qui ont attisé le jingoïsme tout récemment dans les meetings de Londres et d'ailleurs à propos de l'expédition Marchand n'a voulu se souvenir des promesses pacifiques faites par l'Angleterre à Berlin, de concert avec le reste de l'Europe.

On ne peut donc pas dire d'une manière absolue, comme l'écrivait naguère un auteur éminent (1), que les divisions et les rivalités des puissances ont fait place à un accord unanime, que toutes se sont unies pour concourir par la paix, la liberté, le travail à la mise en valeur d'un continent immense, dont la fertilité et la richesse sont universellement reconnues, et pour travailler au relèvement des races incultes ou sauvages. On ne peut pas, comme ajoute le même écrivain, prétendre sans réserves que l'avenir de l'œuvre africaine est assuré et que l'action solidaire des puissances y est un gage de succès. Et l'on ne saurait se fier, sans crainte, aux paroles du rapporteur de la conférence africaine de 1884-1885 assurant, au nom de cet « aréopage européen » à toutes les entreprises légitimes, de quelque drapeau qu'elles se couvrent, une égale et durable protection. La France, qui est en réalité, avec les mêmes droits de conquête et d'annexion que l'Angleterre, une des grandes puissances africaines, n'a-t-elle pas fait l'expérience toute récente de l'empressement de l'aréopage à s'abstenir quand il s'agit d'assurer l'exécution des décisions de la conférence ?

L'acte de Berlin reconnaît formellement le principe de l'hinterland ; mais de quel poids ce principe a-t-il pesé dans la politique du cabinet de Londres lorsqu'il a signé la convention anglo-congolaise de 1894 qui modifiait, sans l'assentiment des puissances, les limites de l'État indé-

(1) Victor DEVILLE : *Partage de l'Afrique*. (Librairie africaine et coloniale Joseph André et Cie.)

pendant, comme elles avaient été tracées à Berlin; et quel cas la France elle-même, reconnaissons-le, a-t-elle fait de ce même contrat de 1884, lorsqu'elle a, sans consulter les puissances, signé, en 1894 aussi, la convention franco-congolaise? Dans cette même année, l'Angleterre, le 12 mai ; la France, le 14 août, attestaient par ces accords particuliers, contraires au protocole de 1884, que celui-ci était, au vrai, pour elles lettre morte.

L'équilibre africain n'est donc pas aussi stable qu'on l'avait voulu faire. Aussi serait-ce une faute grave de croire que le contrat de Berlin constitue une protection inviolable à l'abri de laquelle chacun peut, au mieux de ses intérêts, tirer parti de ses possessions et de son hinterland. De même que l'on a vu, avant le traité franco-congolais, qui n'est qu'un lien susceptible de rupture, un litige surgir au sujet des frontières nord-orientales entre le Congo français et l'État libre, de même des difficultés sont encore pendantes entre l'Angleterre et nous relativement au territoire du Bahr-el-Ghazal. Tant il est vrai que nul ne peut se reposer tranquillement sur le lendemain et qu'en vue de ce qui peut se produire, dans un avenir proche ou lointain, il importe de ne pas rester inactifs.

Les Belges ont parfaitement compris qu'actuellement, dans les entreprises coloniales, les faits acquis, ayant date certaine, règlent les droits. Ils ne se sont pas bornés à enregistrer les titres de propriété que l'acte de Berlin leur a attribués au Congo. Ils se sont hâtés de donner à ces titres une valeur véritable en travaillant à la reconnaissance du fleuve et de ses affluents, qu'on leur accordait le droit d'explorer pour y fonder des établissements. Les noms belges de Hanssens, Van Gèle, Hodister, Bia, Le Marinel, Van Kerkhoven, Del commune, de la Kéthulle, etc., se rattachent glorieusement à ces travaux. Grâce à ces hommes tenaces, les uns pionniers hardis, les autres habiles négociateurs ou officiers décidés à faire réussir leurs armes, le roi Léopold a mis la main sur un pays cent fois plus grand que la Belgique. Non seulement l'État indépendant s'est agrandi territorialement au delà de toutes les espérances des promoteurs de l'entreprise, mais par la construction de la voie ferrée de Léopoldville à Matadi, il a conquis tout le marché congolais de cette région, avec le monopole de l'exploitation du bassin du Congo, qui se trouve maintenant relié à Anvers par les vapeurs faisant le service d'Europe en Afrique. Et cette prospérité dont les progrès sont considérables se réalisait pendant que le Gabon-Congo, qui nous appartient depuis plus de quarante ans, restait stérile !

Est-ce à dire que la France n'ait pas les mêmes ressorts de vitalité que la Belgique, que nos colons manquent de ces qualités positives, pratiques, de cette initiative entreprenante qu'on ne conteste point aux Belges, mais dont ces derniers n'ont sans doute pas le privilège exclusif? Nous savons que le pessimisme, d'ailleurs facile, croit la lutte impossible, et nous pourrions encore citer plus d'un partisan de la déchéance volontaire et du renoncement à toute tentative coloniale ultérieure au Congo ou sur tout autre point de l'Afrique. Mais nous connaissons heureusement des esprits plus résolus, qui s'appliquent à relever l'énergie française et qui croient au retour de la grande époque de Dupleix. La volonté est le levier des âmes. Il y a encore en France des hommes qui veulent. C'est sur eux que l'on peut compter. L'École coloniale de Paris nous en est un garant. Les conférences qu'elle vient d'organiser, et où l'on a déjà entendu MM. Doumer, Gentil, Bruel, et bien d'autres, apportent leur concours précieux à cet enseignement de la vérité coloniale. Nos lecteurs les retrouveront plus d'une fois dans notre collection. Et cette propagande portera ses fruits, nous en sommes persuadé.

Quant aux détracteurs de l'activité coloniale, ils sont peut-être excusables. L'ignorance des faits crée des jugements erronés Ce n'est pas en France seulement que l'on apprécie inexactement ce que l'on connaît mal. Ne lit-on pas dans les *Lettres* de Gordon-Pacha, qui périt à Khartoum, assassiné par les mahdistes, ce passage bien curieux à propos de l'exploration des sources du Nil : « Après tout, je me soucie fort peu de savoir s'il y a deux lacs ou s'il y en a un millier, si le Nil a deux sources ou s'il n'en a point. Il m'est absolument indifférent d'apprendre qu'il y a là-bas des races noires, vertes ou bleues. Si j'étais condamné à me voir encaissé pendant quinze jours dans un vapeur de cinquante pieds de long j'aimerais autant mourir de suite. On ne m'a pas payé pour faire des explorations. Je ne vois pas pourquoi j'endurerais des privations et des fatigues pour satisfaire la curiosité d'un tas de savants que je ne connais point. Votre Afrique est un pays détestable avec ses moustiques, ses brousses et ses naturels qui ne changeront pas d'habitudes et qu'aucun mortel ne civilisera. Je l'ai en horreur ce pays d'insectes, de marais, de forêts et de misère, et, je le répète, je ne vois pas pourquoi je me sacrifierais pour quelque géographe. »

Plus tard, Gordon changea d'avis. Il donna sa vie pour civiliser l'Afrique.

Cette civilisation s'accomplira. Le vingtième siècle la verra, suivant toute vraisemblance. Elle s'achèverait plus tôt si l'équilibre africain pouvait se maintenir. Pour cela, que faut-il? Moins des traités que des travaux. Les voies de pénétration vers l'Afrique centrale, comme celle de l'Oubangui, y aideront considérablement. On s'en convaincra en lisant les pages que nous devons à M. Georges Bruel.

Charles SIMOND.

« AVANT-GARDE », VAPEUR DE RIVIÈRE.

L'OUBANGUI

VOIE DE PÉNÉTRATION DANS L'AFRIQUE CENTRALE FRANÇAISE

La question des communications est une des plus importantes pour le développement d'un pays, et lorsqu'on a la bonne fortune de la résoudre par une voie d'eau, on a une solution économique réelle, sinon très rapide; aussi faut-il se réjouir d'avoir à notre disposition un réseau navigable aussi merveilleux, malgré ses quelques imperfections, que la Sangha, l'Oubangui et ses affluents. Grâce à ces rivières, le Soudan central français, qui s'étend du lac Tchad, du plateau de l'Adamaoua, au Nil, est d'un accès relativement facile. Nous avons là des chemins qui marchent et qui, si l'on sait s'en servir, peuvent nous permettre d'atteindre, sans trop de difficultés sans de trop grosses dépenses, le cœur même de l'Afrique que les Liotard, les Gentil, les Marchand viennent de nous conquérir si brillamment, si pacifiquement, et qu'il faut songer à exploiter, à mettre en valeur.

Cette voie de pénétration, soupçonnée par quelques-uns, a été scientifiquement étudiée et sa valeur mise en relief par le passage de deux missions toutes deux couronnées de succès. C'est grâce à l'Oubangui et à un de ses affluents, la Tomy, que l'administrateur Gentil a pu faire flotter le *Léon Blot*, sur le Tchad, après avoir exploré le Chari. C'est aussi grâce à l'Oubangui et au M'Bomou, son affluent principal, que le commandant Marchand a pu transporter le *Faidherbe* dans le Bahr-el-Ghazal et le Haut-Nil. Ces deux missions ont prouvé d'une façon éclatante que par là on pouvait arriver au Baghirmi, au Dar-Rongna, à l'ancien Soudan égyptien. Sans tarder, de hardis français, MM. de Béhagle et Bonnel de Mézieres, sont partis pour faire le commerce dans le bassin du Chari. Il est à prévoir aussi que l'Ouadaï, ce royaume si fermé aux Européens, si éloigné de la côte, dont le commerce va presque tout entier par le Sahara à Tripoli et à Ben-Ghazi, ouvrira bientôt ses portes aux commerçants français venus par l'Oubangui.

Le Congo est, on le sait, comme tous les fleuves africains, coupé non loin de la mer par une série de rapides, de chutes, formant retenue d'eau, ce qui permet de naviguer assez loin sur le bief supérieur, mais empêche les navires de haute mer de remonter très loin. Les grands vapeurs vont en une journée de Banane à Matadi, pendant huit à dix mois par an, sans s'alléger, et le reste de l'année en mettant une partie de leur cargaison dans des chalands. A Matadi, on prend le chemin de fer, qui vient d'être récemment inauguré, et qui évite les vingt ou vingt-cinq jours de marche que l'on faisait autrefois de Loango à Brazzaville, ou de Matadi à Léopoldville. La petite voie ferrée, large de 75 centimètres, se déroule sur 400 kilomètres, épousant toutes les formes du terrain, serpentant peut-être même un peu trop, ce qui nuit à la vitesse et empêche les trains d'avoir plus de trois wagons, mais permet néanmoins d'atteindre le Stanley-Pool en deux jours.

Toute la première partie de la voie est dans un pays accidenté, et son tracé est très hardi. On suit parfois en encorbellement des galeries qui surplombent des ravins de 50 à 100 mètres de profondeur, et, pour passer par le col de Zona-Gongo (780 mètres d'altitude), il a fallu adopter des rampes très raides. Somme toute, c'est une œuvre d'art qui fait honneur à ceux qui l'ont exécutée. Il nous est agréable de rappeler que la France a fourni un des meilleurs ingénieurs de la compagnie, M. Espanet, ancien élève de l'École polytechnique, et les ouvriers les plus habiles, que l'on avait été recruter au Sénégal. Aussi, lors de l'inauguration du chemin de fer, en juillet dernier, M. le commissaire général du Congo français a pu en arrivant à Matadi se croire sur les rives du Sénégal, tant il y avait de drapeaux tricolores sur les villages nègres.

Mais il faut signaler les tarifs de transports, qui sont très élevés. De Matadi à Léopoldville un blanc paie 500 francs et un noir 50. A la montée, toutes les marchandises paient 1000 francs la tonne ; seules les pièces de bateaux ou de machines agricoles bénéficient d'une réduction de 40 pour 100. Le sel est transporté à un tarif spécial : 500 francs la tonne.

A la descente, les tarifs varient de 100 francs à 1000 francs suivant la valeur des produits transportés : le caoutchouc paie 430 francs la tonne et l'ivoire 1000 francs. De tels tarifs sont une innovation. Que donnera t-elle ? Faut-il l'imiter ? C'est l'expérience qui nous dira ce qu'elle vaut. Mais en tout cas, il faut remarquer que, par suite de sa position, la ligne jouit d'un monopole de fait puisque seule elle permet d'accéder à un réseau navigable de près de 18000 kilomètres, et rarement, sinon jamais, un chemin de fer aura une si belle situation.

On descend du train à N' Dolo, sur le Stanley Pool. On est là à 8 kilomètres de Léopoldville, le centre administratif, qui est à 5 kilomètres de Kinchassa où sont les principales factoreries. On a choisi N' Dolo comme point terminus, bien que des embranchements aillent à Kinchassa et à Léopoldville, parce que sa baie est assez bien protégée et que son mouillage vaut mieux que celui de Léopoldville. L'accès de ce dernier point est assez difficile et même dangereux. Il faut éviter qu'en cas d'accident de machine, les bateaux emportés par le courant, très violent en cet endroit, ne soient entraînés dans la chute du Congo, qui tombe très près en aval, comme cela est arrivé il y a quelques années, à la *Ville de Verviers*, qui s'est ainsi perdue corps et bien.

Le Stanley Pool est un lac de forme elliptique dont les axes ont 24 et 17 kilomètres. Il est semé d'îles, d'îlots, de bancs de sable qui découvrent parfois, car les dénivellations du fleuve sont de près de trois mètres. La grande île est Bamou, qui nous appartient depuis 1894. Elle a 14 kilomètres, sur 4 au maximum. Nous y avons installé, au milieu des moustiques et des hippopotames, des libérés annamites qui y font du jardinage et de l'élevage.

Il y a une heure de vapeur de N' Dolo à Brazzaville. Il ne faut pas se figurer cette ville comme une grosse agglomération. Les maisons entourées de jardins s'égrènent le long de la route qui mène du poste à la maison hollandaise et qui a 4 kilomètres. Les bâtiments de l'Oubangui et de la Flottille sont presque à moitié chemin.

Les missions des Pères et des Sœurs sont un peu à l'intérieur, et une belle cathédrale édifiée par Mgr. Augouard domine Brazzaville.

Quels sont les types de vapeurs employés dans cette région de l'Afrique ? Au début, on avait de petits bateaux à hélices ou à roues latérales avec quille, et calant de $1^m 10$ à $1^m 80$. On les a abandonnés, en général, pour employer, en aval des rapides, des vapeurs à fond plat, monoroues, ne calant que 60 à 80 centimètres en charge. Avec ce type, on ne peut avoir plus de 8 à 9 nœuds de vitesse, ce qui fait que pour passer les rapides il faut des bateaux à hélice. C'est ce qui nous a conduit à adopter, pour le bief supérieur de l'Oubangui et pour le Chari, des bateaux très plats, bien qu'ayant une quille, et qui, grâce à leur hélice sous voûte, ne calent que 60 centimètres en pleine charge. Tels sont le *Jacques d'Uzès* et son frère le *Léon Blot*.

Tous ces bateaux sont chauffés au bois, ce qui nécessite d'avoir à bord une vingtaine de coupeurs de bois et de ne marcher que neuf à dix heures par jour. On s'arrête en général à quatre heures du soir, et on accoste à la rive ou le long d'une île boisée. Le chef des coupeurs de bois plante dans le sol des baguettes de bois de 1m 50 de haut, espacées de mètre en mètre. Chaque coupeur de bois doit remplir une de ces cases de bûches de 80 centimètres de long environ. Une bonne partie de la nuit on embarque le bois dans les soutes, en faisant un bruit assourdissant qui fait le désespoir des dormeurs. Jusqu'ici les installations à bord de vapeurs sont très sommaires. Il n'y a pas de cabines. Le pont sert à la fois de dor-

UNE DÉFENSE D'ÉLÉPHANT DE 45 KILOS.

toir, de salle à manger, de fumoir; successivement il est envahi par des lits démontables qui se touchent presque, puis par les tables, plus tard par les fauteuils dans lesquels on fait la sieste. Au milieu de la journée il fait fort chaud, car on n'est protégé du soleil que par des toiles tombant du toit. On a souvent jusqu'à 40 et 42 degrés de chaleur. Aussi la vie à bord n'est guère agréable, et, au bout de trente jours de traversée, on pousse un long soupir de satisfaction en débarquant, même dans la brousse, comme à Botanga.

Pour atteindre ce point terminus de la navigation aux basses eaux, on met, sur un bateau mauvais marcheur, trente jours et deux cents heures de marche effective. Mais un bon bateau comme le *Faidherbe* peut ne mettre, même aux hautes eaux, que 14 jours pour atteindre Banghi, et 18, arrêts compris, pour arriver à

Mobaye. A la descente de Botanga à Brazzaville, l'*Antoinette* a mis 11 jours et 96 heures.

Au départ de Brazzaville, on passe entre l'île Bamou et la rive nord du Pool que dominent les collines appelées par Stanley *Falaises de Douvres*, à cause de leur éclatante blancheur. On entre

FEMMES DE L'OUBANGUI.
(Danse des naturels.)

ensuite dans une partie du Congo fort étroite, 12 à 1500 mètres à peine, où le fleuve coule avec rapidité entre deux chaînes de collines qui le dominent de 150 à 200 mètres. C'est une portion de fleuve que l'on appelle le *Couloir*. Il a environ 150 kilomètres de long et se termine à l'embouchure du Kassaï. Sur notre rive il y a très peu de villages. On voit seulement de temps à autre quelques sentiers qui gravissent le flanc des collines. La forêt ne commence guère qu'à la rivière Bleue, où Brazzaville a envoyé chercher tous ses bois de charpente, et encore ne couvre-t-elle pas, comme plus haut, tout le pays. Un peu avant le Kassaï, on passe à N' Gantchou, la route qui mène à M'Bé, résidence du Makoko, le souverain Batéké qui traita, le 10 septembre 1880, avec M. de Brazza et plaça les deux rives du Congo sous notre protectorat, ce qui nous permit d'installer le sergent Malamine à N'tamo, emplacement actuel de Léopoldville, où Stanley le trouva non sans surprise quelques mois plus tard.

Au nord de l'embouchure du Kassaï, grande et belle rivière qui vient de l'Est, s'élève la mission de Berghe Sainte-Marie, où sont des jésuites belges. A partir de là, le fleuve s'élargit un peu et atteint 2 à 3 kilomètres, mais il ne s'étale vraiment qu'à partir de Tchoumbiri. Là, il devient un petit bras de mer large de 9 kilomètres, semé d'îles nombreuses, basses et peu boisées en général, dans lesquelles s'ébattent des troupeaux de bœufs sauvages et d'hippopotames. A Bolobo, il y a une importante mission protestante, que dirige depuis fort longtemps un illustre pionnier de la première heure, M. Grenfell, qui a exploré tant d'affluents du Congo avec le *Peace*.

On arrive bientôt après à l'embouchure de l'Alima. Ses sources ont été découvertes en 1878 par MM. de Brazza et Ballay. Plus tard son cours assurait nos communications avec l'Océan. On remontait l'Ogooué jusqu'à Franceville et, après un portage de 150 à 200 kilomètres, on atteignait Dielé où l'Alima devient navigable. C'est par là qu'on a fait passer les pièces de nos premiers vapeurs, le *Ballay*, l'*Alima*, le *Djoué*. A l'heure actuelle, cette voie est délaissée et seuls les missionnaires y sont installés dans deux missions. Le pays est riche, il produit des huiles de rapha très bonnes et surtout un tabac excellent qui s'exporte fort loin, même dans l'État indépendant. Ce tabac est fort apprécié des Européens qui le fument à l'exclusion de tout autre; on l'achète au passage dans les factoreries de Bonga contre des bouteilles vides; maintenant que le chemin de fer relie le Pool à l'Océan, on va sans doute pouvoir l'exporter en Europe.

Le fleuve s'élargit encore en face de Bonga où il atteint 20 kilomètres. Bonga est sur le delta de la Sangha tout près de l'embouchure de la Likouala. C'est le port d'attache des petits vapeurs qui remontent la Sangha et c'est un grand marché d'ivoire; mais on est au milieu des marais, et le pays est infesté de moustiques, ce qui rend le séjour peu agréable.

Pour rejoindre le Congo, on prend un canal très sinueux, très étroit, 30 à 40 mètres de large, dont les bords sont couverts de papyrus et d'herbes que les hippopotames affectionnent particulièrement. Aussi est-ce par troupeaux de 50, parfois même de 80 à 100, qu'on les voit au loin. Beaucoup de caïmans descendent mélancoliquement le fleuve, immobiles et raides comme des troncs d'arbre. Les Européens qui aiment le tir s'exercent sur ces cibles vivantes et ne laissent guère les carabines en repos. On voit également beaucoup d'oiseaux aquatiques.

Un peu avant d'arriver à Lirranga on trouve de nombreux villages d'Irêbous. Ces indigènes sont passés sur notre rive depuis trois ou quatre ans, fuyant l'État indépendant où l'on voulait les forcer *manu militari* à récolter du caoutchouc. Ils ont lutté avec une grande bravoure en rase campagne et ont même tenté d'enlever un poste sur le lac Toumba. A plusieurs reprises ils ont anéanti des détachements de réguliers et mangé plusieurs blancs.

Maintenant ils reconnaissent notre autorité, et tout récemment ils nous ont fourni des pirogues pour monter un convoi de Lirranga à Bangui.

Tous les Bafourous, les Irêbous, les Boubanguis sont de grands commerçants qui vont très loin dans la Sangha, la Likouala, et l'Oubangui acheter de l'ivoire et des esclaves.

Lirranga est le seul poste occupé entre Brazzaville et Bangui sur 1,500 kilomètres de fleuve. Lors de mon passage, il n'y avait qu'un chef de poste, qui lui-même n'avait à sa disposition comme garnison qu'un Sénégalais! Aussi avait-il armé quelques déserteurs belges.

Voilà bien un exemple qui prouve que le fonctionnarisme ne règne pas toujours dans les colonies françaises. Il faut même noter qu'à l'intérieur du Congo il y a presque toujours défaut de personnel blanc et noir. On a toutes les peines du monde à entretenir son poste, à assurer le service courant, et il est fort difficile, sinon impossible, de faire du nouveau, de reconnaître un coin de ces blancs immenses qui couvrent la carte et d'entrer en relation avec les populations qui s'y trouvent. Notre action est faible, et si l'on veut un jour arriver à percevoir des impôts, il faudra augmenter *considérablement* les moyens mis à la disposition de l'autorité. A 1 kilomètre du poste en aval, il y a une mission prospère, la mission Saint-Louis, construite ainsi que son église par le Père Allaire qui est mort, en 1897, à la peine.

Aussitôt après avoir dépassé Lirranga on est en plein delta de l'Oubangui. Il est encombré d'un fouillis inextricable d'îles inexplorées. Un peu en amont, ce fleuve a une largeur moyenne de 2 à 3 kilomètres. La végétation est splendide : les arbres, gigantesques, de mille espèces diverses, se reflètent dans les eaux du fleuve ; beaucoup de lianes descendent des cimes en s'entrecroisant, et nombre d'entre elles donnent du caoutchouc. Çà et là des palmiers Borassus, ou *Elaïs guineensis*, dressent leurs panaches, qui donnent au paysage la physionomie que l'on est convenu d'appeler *tropicale*, car les autres arbres, à part leur dimension, ne diffèrent guère comme port et aspect général de ceux de nos pays. La présence de ces palmiers indique que le pays est riche en huile de palme, qui est la base de la cuisine indigène, parfois même de celle des blancs.

En remontant l'Oubangui, on aperçoit les emplacements de nos anciens postes de N'Koundja et de Modzaka, avant de faire escale au poste belge d'Imessé. N'Koundja fut établi sur la rive gauche et construit par M. Ponel qui l'occupa quatorze mois. A cette époque la délimitation de 1887 n'était pas faite, et d'après l'acte de reconnaissance de l'État indépendant en 1885, les deux rives du Bas-Oubangui nous appartenaient Un peu au-dessus d'Imessé, sur notre rive, débouche l'Ibenga, que Van Gèle remonta en 1886 sur 150 kilomètres. Est-ce son cours inférieur que MM. Ponel et Fredon ont traversé en 1892 près de Goro et désigné sous le nom de M'Baiéré? Les avis sont partagés : M. Wauters soutient l'affirmative; M. Ponel croit que c'est la Haute Lobaï.

ARMES SANGO.

A partir d'Impfondo, on est en pays Bondjo. Les naturels sont grands, beaucoup ont 1^m.80; ils sont fort bien bâtis, malheureusement leur masque est bestial et termine fort mal leur corps d'athlète. Les hommes portent le pagne d'écorce battue qui se trouve partout en amont sur l'Oubangui, l'Ouellé et le M'Bomou. Ils sont en général, surtout les Ngombés, d'excellents forgerons; aussi leurs armes sont-elles fort belles. Ils portent une cuirasse en peau d'éléphant que supportent des bretelles. Elle ne ferme pas sur la poitrine, c'est la gaîne d'un large couteau qui est attaché à la cuirasse qui protège le thorax. Ils ont de jolis boucliers en vannerie.

Les femmes ont comme pagne une ceinture de 0^m,50 de long, formée d'une série de tresses, de fibres de bananiers qui flottent et qui leur donnent l'aspect de ballerines. Comme ornement, elles portent quelques bracelets de cuivre jaune ou rouge et un tour de cou original : c'est un carcan haut de 0^m,05 dont la coupe est celle d'un fer à T qui se termine derrière la tête par deux volutes très gracieuses. Ces colliers n'ont pas plus de charnières que ceux portés par les femmes Boubanguis et ne peuvent s'enlever que très difficilement. On est obligé de se coucher sur le sol, de passer des deux côtés du collier des cordes que l'on amarre solidement à des piquets et que l'on mouille, ce qui fait alors écarter les deux branches du collier. Les colliers boubanguis sont massifs. Ce sont des tores de 4 millimètres d'épaisseur qui pèsent de 8 à 10 kilos.

Comme dans le Bas-Oubangui et le Congo, les Bondjos pagaient debout; aussi ont-ils des pagaies de 1^m,80 à 2 mètres de long.

Les villages sont construits sur des berges d'argile rouge qui tombent en falaises sur le fleuve et qui le dominent de plusieurs mètres, surtout aux basses eaux. On y accède par des escaliers

PIROGUE DE M. L'ADMINISTRATEUR DOBICHON.

taillés dans la glaise ou au moyen de troncs d'arbres entaillés de place en place pour former échelons.

Les cases du village sont rectangulaires, hautes de 1^m,20, larges de 2^m,50, longues de 40 à 50 mètres. La toiture est à double pente. Ce sont des cases d'un type tout différent de celles que l'on trouve au-dessus des rapides de l'Éléphant, car partout en amont des rapides, tant sur l'Oubangui que sur le Congo, le type de case devient rond. Les cases, perpendiculaires au fleuve, sont distantes de 50 mètres les unes des autres.

La région est peu sûre; aussi faut-il faire bonne garde pour éviter les vols et les assassinats; malgré les précautions prises, bien que les blancs veillent à tour de rôle à bord des vapeurs, il est rare qu'un voyage s'accomplisse sans que des fusils, des cartouches, des vêtements disparaissent. Les hommes, on les tue pour les manger.

Un peu au-dessus du poste belge de Libengué, nouveau chef-lieu de district de l'Oubangui et de l'embouchure de la Lobaï, se trouve le 1er rapide, celui de Zinga. Aux basses eaux, de janvier à fin mai, les vapeurs ne le franchissent pas et s'arrêtent à Botanga où sont construits des hangars provisoires. Il est probable qu'une étude sommaire du rapide et quelques kilos de mélinite permettraient de trouver et d'aménager une passe pour les bateaux de $0^m,60$ de tirant d'eau qui remonteraient alors toute l'année à Bangui; actuellement il faut attendre à Botanga que le poste de Bangui, prévenu, puisse envoyer un convoi de pirogues. Les arrivées des vapeurs n'étant pas régulières, il faut ou envoyer recruter en pays Banziri, ce qui nécessite quinze à vingt jours, ou, escomptant l'arrivée d'un vapeur, faire recruter d'avance, et dans ce cas, si, pour une cause quelconque, le vapeur n'arrive pas à la date prévue, on s'expose à conserver 900 pagayeurs pendant quinze jours, comme lors de l'arrivée du capitaine Marchand, ou 500 pagayeurs pendant quarante jours comme au mois de mai de cette année. Il faut remarquer que le télégraphe n'existe au Congo que le long de la côte, entre Cap Lopez et Massabe, et, vers l'intérieur, de Loango à la Loubomo.

On ne peut en effet compter sur les villages Bouzérous situés entre Botanga et Bangui, car ils sont en révolte presque constante, et notamment depuis mai 1897, époque à laquelle les naturels ont repêché des caisses de cartouches perdues dans un chavirage, tué six miliciens et mangé pour le 14 juillet mon pauvre camarade Comte, administrateur de l'Oubangui, qui s'était noyé la veille en allant châtier le village de Yacoli. Jusqu'ici, faute de moyens, on n'a pu exercer de répression vigoureuse; seules, des opérations de détail couronnées de succès ont été faites, et elles n'ont pu amener la soumission des Bouzérous. Aussi en mai 1898, les environs de Bangui étaient moins que sûrs, et souvent les Bouzérous tentaient, de nuit, d'incendier soit le poste, soit la mission de Saint-Paul des Rapides.

La première ligne de collines perpendiculaires au fleuve que l'on trouve, après les monts de Cristal qui sont en aval du Stanley-Pool, forment le rapide de Bangui. Jusque-là, on était dans le fond de l'ancienne mer congolaise.

Le massif montagneux, large d'une quarantaine de kilomètres, qui s'étend de Mokouangay à Bangui, force le fleuve à se rétrécir et à se frayer une route au milieu des roches de granulite qui émergent aux basses eaux en beaucoup de points, formant une série de seuils, de marches d'escaliers peu élevées, mais qui donnent au fleuve l'aspect d'un immense torrent.

A Bangui, la différence de niveau des eaux est de 6 à 7 mètres. Le maximum a lieu fin octobre; l'étiage, de fin mars au commencement d'avril.

Entre Zongo et Bangui, la crête rocheuse a été coupée en trois endroits qui forment des passes très étroites où le courant est très violent. Le 25 mai 1898, à un point rapide, j'ai mesuré un courant de 11 kilomètres à l'heure, et il n'y avait que un mètre de crue. Aussi faut-il des vapeurs donnant 12 à 14 nœuds de vitesse pour passer les rapides de l'Oubangui. Les rapides avaient été reconnus en 1888 par M. Dunod avec le *Djoue*, qui n'avait pu franchir les passes de Bangui.

Tous les vapeurs belges sont passés à la cordelle pendant que les nôtres, l'*Alima*, le *Ballay*, le *Faidherbe*, le *Jacques d'Uzès*, ont passé à la vapeur, quelquefois, il est vrai, en calant les soupapes.

A 60 kilomètres en amont de Bangui, se trouve le dernier rapide, le plus mauvais, celui de l'Eléphant. Les chavirages y sont fréquents, plusieurs blancs s'y sont noyés : dans l'un, le chef de station Juchereau, en décembre 1895. Aussi donne-t-on l'ordre de décharger tous les convois, et les marchandises sont portées pendant 500 à 600 mètres.

Il est difficile de donner exactement l'altitude maxima du massif montagneux de Bangui. On peut l'évaluer à 650 mètres. Si l'on admet avec M. Wauters que la mer intérieure du Congo s'est écoulée autrefois par un col de 425 à 470 mètres, il y a lieu de supposer que cette mer s'étendait jusqu'à Bangui, qui est à 350 mètres d'altitude. Les montagnes de Bangui dominaient cette mer intérieure de près de 200 mètres et formaient la chaussée d'un lac immense qui s'étendait à l'Est jusque vers Rafaï et Djabbir.

Ce lac a débordé, son déversoir s'est créé un lit qui s'est approfondi, et peu à peu le niveau du lac a baissé. Bientôt de hauts-fonds sont apparus; les chaînes de Mobaye, de Cetema, de Ouango ont émergé, et le lac primitif s'est divisé en quatre; plus tard, en aval de Mobaye, le lac qui s'étendait en amont de Mokouangay, s'étant vidé en partie, trois petits lacs, dont on voit très bien les cuvettes, se sont formés entre Pingué et Mobaye.

S'il nous avait été possible de sillonner d'itinéraires la rive droite de l'Oubangui, nous aurions cherché à délimiter le contour probable de ces lacs. Mais comme l'intérieur n'a été parcouru par aucun blanc, il nous est impossible d'indiquer, même d'une façon approximative, 'eur étendue. Il est à remarquer que de l'autre côté de l'Équateur, aux sources mêmes du Congo, le pays présente un aspect analogue à celui que l'Oubangui offrait autrefois. Sur le Loualaba ou Kamolondo, on a découvert un chapelet de huit lacs, qui, eux aussi, disparaîtront à leur tour.

Un peu au-dessus du rapide de l'Eléphant, l'Ombella et la Kémo débouchent sur notre rive. M. Ponel les avait indiquées à M. Crampel comme des voies possibles de pénétration vers le Nord. Il aima mieux partir de Lembé et pousser dans la direction d'El-Kouti, mais ses successeurs Maistre, Gentil, ont utilisé la deuxième, qui, grâce à son affluent, la Tomy, nous permet d'atteindre facilement le Haut-Chari. La Tomy est navigable pour les pirogues jusqu'à Krebedje, soit sept jours de navigation. De là, jusqu'au point où l'Oubangui devient navigable, il n'y a que 180 kilomètres à faire à pied, et cela dans une région peu accidentée, presque plate. Il est ensuite facile de descendre le Chari jusqu'au Tchad et de remonter ses affluents, le Bangnoran, Bakaré, Bahr-el-Salamat, qui tous coulent en terre française. C'est la voie la plus aisée pour arriver au bassin fermé du Tchad et dans les États du Kanem, du Ouadaï et du Baghirmi, tous pays musulmans, peuplés, riches et commerçants.

Jusqu'à Ouadda, la direction générale de l'Oubangui est le

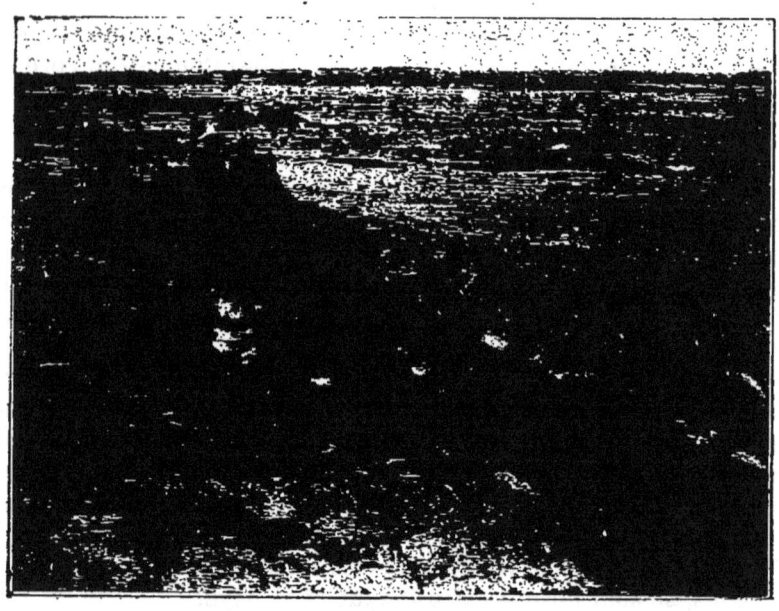

HALAGE D'UNE PIROGUE DANS UN RAPIDE.

Nord, mais brusquement le fleuve s'infléchit vers l'Est et va dans la direction du Nil. Un premier bief navigable, qui s'étend du rapide de l'Éléphant à Ouango-M'Bomou, est navigable pour bateaux à vapeur de fin mai au milieu de janvier, c'est-à-dire durant huit mois. Le reste du temps, les transports se font par pirogue. Il n'y a que deux rapides vraiment importants, celui de Mobaye et celui de Cetema. Aux hautes eaux, le courant y est excessivement violent, mais les bateaux filant douze ou quatorze nœuds pourraient encore les remonter.

C'est sur ce bief que le *Jacques d'Uzès* circule : ce petit vapeur de 18 mètres de long, 5^m,50 de large, s'il ne peut prendre à bord plus de 100 charges, peut facilement remorquer un chaland en portant 350 ou 400. Le *Jacques d'Uzès* n'étant monté à Bangui qu'en août 1897 et n'ayant franchi le rapide de l'Éléphant qu'en décembre, le ravitaillement du Haut-Oubangui et les charges de

LE RAPIDE DE MOBAYE.

la mission Marchand ont été montés en pirogue. Notre matériel fluvial se compose à l'heure actuelle d'embarcations en acier ou en aluminium et de pirogues indigènes. Les pirogues en aluminium ne sont pas assez résistantes et crèvent facilement dès qu'elles heurtent une roche. Les pirogues indigènes sont toujours creusées dans un seul tronc d'arbre et ont parfois des dimensions respectables. L'une d'entre elles, *Bongounda*, a 22 mètres de long, $0^m,90$ de large et $0^m,45$ de profondeur à l'intérieur. Elle a $0^m,07$ d'épaisseur. On peut y mettre deux tonnes et demi de marchandises et trente pagayeurs. La majorité des pirogues que l'on emploie dans les convois portent environ une tonne, elles sont armées par quinze pagayeurs et n'ont que 15 à 18 mètres de long. Les pirogues Banziris et Bourakas sont à fond plat; leur section transversale a la forme d'un trapèze, tandis que les pirogues Sangos et Yacomas sont demi-circulaires. On marche à la pagaie et au tombo. La pagaie est courte, un mètre environ, ce qui fait que les pagayeurs s'asseoient à l'arrière de la pirogue, sur le bordage. Un tam-tam accompagne les chants et donne la cadence. A l'avant de la pirogue, deux ou quatre hommes se tiennent armés des tombos, grandes perches de 5 à 6 mètres qu'ils manient avec une dextérité remarquable. Ils trouvent moyen de courir dans la pirogue, large à peine de $0^m,50$, se croisant sans jamais se heurter. A la montée, on longe les berges pour avoir moins de courant et pour pouvoir atteindre le fond avec les tombos.

Un convoi se compose en général de quinze à quarante pirogues. Lors du passage de la mission Marchand, on en a même réuni jusqu'à soixante-dix, qu'armaient neuf cents pagayeurs.

Chaque village doit fournir un certain nombre de pagayeurs que l'on recrute suivant un roulement établi. Chaque homme touche la ration en nature ou une cuillerée à café de perles par jour. On lui paie en outre sa journée le même prix. On emploie un mélange d'un tiers de perles rouges et deux tiers de blanches.

En pays Bouraka, Sango et Yakoma, une barrette de cuivre rouge de $0^m,70$ de long, 3 millimètres d'épaisseur, pesant 60 grammes, équivaut à cinq cuillerées de perles. Le cuivre, qui est l'or de l'Oubangui, sert à faire des ornements, bracelets, perles forgées, fils qui entourent les manches des sagayes ou des couteaux.

Les villages situés entre Ouadda et Mobaye montent les charges de Bangui jusqu'à Mobaye, et les villages entre Mobaye et Ouango-M'Bomou font les transports entre ces deux points. Un convoi met en temps ordinaire onze jours de Bangui à Mobaye et cinq de Mobaye à Ouango. On fait en moyenne de 35 à 40 kilomètres par jour en marchant dix heures. Les pirogues de courrier montent de Bangui à Mobaye en six jours aux basses eaux.

Une rivière dont le cours inférieur est mal connu, le Kouango, est peut-être une voie d'accès vers le Dar Rongna. La Kotto, qui est coupée à 50 kilomètres de son embouchure par toute une série de rapides, a bien son cours supérieur qui se dirige sur Hofrat-en-Nahs, mais elle ne pourra probablement jamais être utilisée sérieusement pour aller dans cette direction.

Les populations riveraines, les Ouaté (gens de la rivière), diffèrent totalement de celles de l'intérieur, et leurs villages sont sur les bords mêmes de l'Oubangui, ou tout à fait à proximité, jamais à plus de 2 ou 3 kilomètres. Il est fort probable que les Banziri, les Bounrakas, les Sangos, les Yakomas, qui actuellement occupent les deux rives de l'Oubangui depuis l'embouchure de la Kemo jusqu'à Ouango M'Bomou, sont des populations venues de l'Est en descendant l'Ouellé.

Il y a en effet une foule de ressemblances entre eux et les naturels découverts par Schweinfurth, tant dans le costume que dans les ornements, les mœurs. Il y a parfois même des similitudes de noms remarquables : ainsi sur les bords du Bomokondi, une tribu, celle des Aba-Sango, porte, à la particule près, exactement le même nom que les populations qui environnent Mobaye.

Au contraire les gens de l'intérieur, désignés par ceux du fleuve sous le nom générique de Mdri, et qui en réalité se nomment : Langouassi, Dakoa, Ngapons, Gobons, et plus à l'est les populations Bougou (à tort, sur les cartes et dans les livres, on orthographie Boubou), semblent venir du nord-est, du Dar Banda, pays qui comprend les hautes vallées de la Kotto et du Chinko. C'est sur les bords de cette dernière rivière, que Rafaï cherche à soumettre les Gabons et les Angappons leur langage, leurs mœurs, leurs cases, petites, rondes, terminées au centre par un clocheton gracieux de 1^m,50 de haut, et chez eux juchées çà et là sur des termiticus, tout et spécialement les couteaux de jet, offre une si grande similitude avec ce que nous avons pu observer chez les Mdri et les Bougou que l'on peut affirmer sans hésiter que tous ces peuples ne forment qu'une seule et même race. Elle doit s'être divisée, il y a trente ou quarante ans lorsque les marchands Nubiens ont franchi la crête du bassin du Bahr el Ghazal, pour venir faire des esclaves dans le Dar Banda. C'est pour les fuir qu'une partie des habitants de ce pays s'est dirigée vers le sud-ouest.

A côté de ce courant venu du nord-est, et presque en diagonale, il s'en est produit un autre. Les Ouadda, les Sabanga, les Bagba, les Togbo Mbron, viennent du nord, nord-ouest. Ils ont été refoulés par les incursions des Musulmans du nord, du Baghirmi, du Ouaddaï et par les bandes de Rabah et de Snoussi.

Les Banziri occupent toute la boucle de l'Oubanghi en amont de l'embouchure de la Kémo, jusqu'à Pingué, qui se trouve au point où l'Oubanghi cesse de couler presque plein ouest pour se diriger vers le nord, puis le nord-ouest. Ils occupent environ 200 kilomètres de rivière, dans une région où, même aux basses eaux, il n'y a pas de grands rapides. Les seuls seuils à signaler sont ceux de Mongondé, de Zanga, de Bembé, de Makan, de Konimba, et on les franchit facilement en pirogue. Aux hautes eaux, ils n'embarrassent nullement la navigation à vapeur.

Comme tous les autres peuples de la rivière, les Banziri sont exclusivement pêcheurs et commerçants. Ils sont fort habiles à construire des nasses et à pêcher avec des filets, assez semblables à nos seines. Ils fument le poisson et le vendent aux populations de l'intérieur en échange de manioc, de bananes, de maïs, d'arachides, de patates, d'ignames, de poules, d'œufs et de chèvres.

PAIEMENT DES PAGAYEURS AVEC DES PERLES.

Celles-ci font l'objet d'un commerce relativement important; ils les revendent aux populations d'amont et souvent même aux Yakoma, c'est-à-dire aux habitants du confluent de l'Ouellé et du Mbomou, qui sont à 300 kilomètres en amont de leurs villages. En effet, en pays Yakoma, les chèvres valent environ trois fois plus cher qu'en pays Banziri et se payent en kindja. C'est une sorte de houe qui sert de monnaie. Elle est en fer plat de un à deux millimètres d'épaisseur, et longue de 30 centimètres sur 15 de large. Les Yakoma les fabriquent avec le fer qu'ils extraient eux-mêmes du sol. La kindja augmente de valeur à mesure que l'on descend le fleuve, ce qui fait que les Banziri tirent double profit de leur voyage. Les kindja sont faites avec un fer doux excellent qui se travaille facilement et avec lequel on fait des armes superbes. Naturellement c'est au pays de production du fer que l'on trouve les plus belles sagaies, les plus beaux couteaux, et chez les Sango on en voit encore beaucoup. Chez les Banziri il y en a quelques échantillons, mais on y trouve

PÊCHEURS DANS LE MOBAYE.

surtout des lances et des couteaux ayant d'autres formes. Ce sont les gens de l'intérieur, les Langouassis, les Dakoas, les Gobons qui les fabriquent, et on commence à sentir l'influence musulmane qui se révèle dans la forme des couteaux et le travail du cuir des gaines.

Les femmes Banziri portent de longs cheveux, tressés en petites nattes, qui très souvent sont allongées avec de petites cordes. Certaines de ces chevelures tombent jusqu'au milieu du dos et pèsent plusieurs kilos, et certaines élégantes en ont de si longues, que, pour les empêcher de traîner sur le sol, elles sont obligées de les enrouler en turban autour de la tête, ou de les relever sur l'épaule à l'aide d'un bâton. Elles portent un grand nombre de colliers de perles rouges de 2 millimètres et demi de diamètre environ, et quelques grosses perles bapterosses.

Le costume proprement dit est des plus sommaires : une ficelle autour de la taille, qui supporte un petit pagne en écorce de figuier battu. Aux bras et aux jambes, elles ont d'immenses bracelets, formés de fil de fer enroulé en spirale très serrée, qui leur montent jusqu'au coude et jusqu'aux genoux. Elles ont souvent les lèvres percées, pour laisser passer un petit anneau ou un disque de plomb ou d'étain qui a parfois 3 centimètres de diamètre.

Les villages Banziri sont en général au milieu de clairières le long du fleuve, et les cases par groupe de cinq ou six, séparées du groupe voisin par quelques mètres de brousse ou de forêt.

Les Bamaka forment un groupe qui s'étend sur 40 kilomètres en amont du pays Banziri. Les Belges les appellent Sakas; c'est le nom que les Sango et les Yakoma leur donnent. Ils ont neuf villages sur notre rive, habités par environ 4,000 habitants. Par beaucoup de points les Bamaka se rapprochent des Banziri; ils ont des cases, des pirogues de même forme; les femmes se coiffent de même; mais le langage diffère, et, avant notre arrivée, ils étaient fort mal ensemble. Maintenant encore, dans nos convois, lorsqu'ils sont côté à côte, il y a souvent des rixes entre eux, alors qu'ils entretiennent de meilleures relations avec les Sango.

Les Sango occupent près de 130 kilomètres de rivière. Ils ont chez nous quarante-et-un villages habités par 14 à 15,000 hommes. Leur centre est Mobaye.

A cet endroit, il y a un rapide important. Aux basses eaux, le fleuve n'a que 300 mètres de large, tandis que sa largeur moyenne est de 12 à 1,500 mètres, mais il est très profond. Il se franchit alors très facilement. Mais lorsque les eaux montent, bien que s'élargissant et s'écoulant par deux passes ayant une largeur totale de près de 600 mètres, le courant y est excessivement impétueux, et pour le remonter il faudrait des vapeurs à grande vitesse. La passe étant large et sans aucun écueil, la seule difficulté est la vitesse du courant.

Les indigènes installent, dans la partie des roches recouvertes seulement de 1 mètre d'eau, de grandes nasses, qu'ils fixent au moyen de lianes de 10 centimètres de diamètre, celles-ci amarrées solidement à de gros pieux ou à des roches. Le poisson, entraîné par le courant est précipité dans les nasses et on vient le recueillir en pirogue.

Le poisson est excellent, mais ne ressemble à aucune de nos espèces d'Europe. Parmi les plus curieux, il faut signaler le poisson trompe, ainsi nommé parce que sa tête est terminée par une petite trompe, et les silurides, reconnaissables à leur grosse tête et aux longs barbillons qui garnissent leurs lèvres. Certains sont de très grande taille, 1^m,50, et pèsent jusqu'à 50 et 60 kilos. On les pêche facilement au harpon. En juin et en novembre, les femmes prennent avec de petits filets montés sur un ovale en bois des petits poissons qui sont excellents comme friture. Elles les mettent à mesure dans un petit panier qu'elles portent attaché au front.

Les Sango sont de fort beaux hommes, grands et bien musclés, surtout des bras et de la poitrine. Comparativement aux membres supérieurs, les jambes sont presque toujours un peu grêles. Cela s'explique d'ailleurs facilement, le pagayage ne développant que le haut du corps.

Ils ont, ainsi que les Yakoma, un tatouage caractéristique. Ce sont de petites excroissances de peau, qu'ils se font au milieu du front, verticalement, au nombre de six à huit. Chacune a la forme d'une larme, et l'ensemble l'aspect d'une crête de coq. Hommes et femmes ont ce tatouage, qui est un signe de leur race. Ils se font d'autres tatouages de formes diverses sur toutes les parties du corps.

Plus encore que les Banziri, il se mettent des perles dans les cheveux, qui sont tressés en petites nattes. Les modèles varient à l'infini, certains ont la forme d'un casque avec cimier et couvre-nuque. Les modes sont variables comme chez nous, et parfois les anciennes coiffures, dans lesquelles des baies sauvages de couleurs diverses remplaçent les perles, reparaissent. Telles de ces baies se portent en signe de deuil.

On porte beaucoup de bracelets en cuivre rouge. Quelques-uns sont fondus et travaillés, d'autres faits seulement avec le fil de cuivre brut qui nous sert à les payer. Les femmes élégantes portent de ces bracelets à la cheville, au-dessus et au-dessous du genou, au poignet et au-dessus du coude. On s'épile soigneusement les cils et les sourcils, et on remplace ces derniers par des traits faits au noir de fumée. On s'enduit souvent le corps d'huile de palme mélangé de *mlio*, poudre de bois rouge, qui conserve à la peau sa souplesse.

Les villages sont construits à découvert sur le bord du fleuve, parallèlement à lui et le long d'une allée. Toutes les cases sont rapprochées les unes des autres. Les habitations Sango et Yakoma ont un toit conique de forme élancée, qui repose sur un petit mur de terre cylindrique, haut de 80 centimètres à un mètre; le diamètre du cylindre a 2^m,50 ou 3 mètres. Les cases Banziri et

JEUNES FILLES DU HAUT OUBANGUI.

Bomaka sont, au contraire, hémisphériques et d'un diamètre beaucoup plus grand, 4 à 5 mètres.

Les Yakoma s'étendent sur 100 kilomètres entre le rapide de Cétéma et le poste d'Aliras. Ils ont sur notre rive une vingtaine de villages et sont au nombre de 20 à 25,000. Ils forment des agglomérations importantes, ainsi, le village d'Aliras a 4 kilomètres de long, et près de 10,000 habitants.

Les Yakoma ont l'habitude de se percer les oreilles et d'en agrandir le lobe jusqu'à pouvoir y introduire une rondelle d'ivoire de 7 à 8 centimètres de diamètre ou une petite glace de poche.

Toutes ces populations de l'Oubangui sont gaies et affables; on les voit toujours prêtes à rire, à chanter et à s'amuser. Elles sont

UN POISSON DE L'OUBANGUI.

faciles à conduire et à gouverner, à condition que l'on emploie la douceur et la persuasion. Tous sont anthropophages, mais la femme ne peut, comme cela a lieu chez les Mdri et les Bongou, manger de chair humaine. De même, le chien et certains poissons lui sont interdits, parce que, d'après les indigènes, leur chair a une grande analogie avec celle de l'homme. Les sacrifices qui ont lieu lors de la montée et de la descente des eaux du fleuve sont clandestins, et, en dehors de ces solennités, on ne mange que les gens tués à la guerre, et en aucun cas de proches parents ou ceux avec lesquels on a fait l'échange du sang.

Pour se marier, l'homme remet une certaine somme, d'une valeur moyenne de 100 kindja, en nature, ou en ivoire, en cauris, en armes diverses, aux parents de la future. En cas de divorce, qui peut être prononcé à la requête de la femme, on rend la somme versée lors du mariage au mari, à moins que le divorce ne soit prononcé contre lui.

Pour les usages du pagayage, du commerce et des relations avec les Blancs, un sabir s'est formé : le fond de cette langue est du sango, les Belges l'appellent le Dendi.

Les populations de l'intérieur, les Langouassi, les Dakoa, les Ngapons, les Gobons, les Bougou sont de grands cultivateurs et de grands chasseurs. Leurs plantations sont immenses et bien entretenues.

Presque tous tressent les cheveux derrière la tête en forme de bonnet de coton, placé tout à fait sur la partie postérieure du crâne, et horizontalement. Ce chignon caractéristique est presque toujours orné de perles ou de cauris.

La lèvre inférieure est percée pour recevoir un ou deux *Baguéré*. C'est un cône de quartz poli, de 6 à 10 centimètres de long sur 8 à 10 millimètres de diamètre. Naturellement le poids fait pendre cette lèvre, et comme celle du dessus est perforée, sous le nez, pour permettre d'y loger un disque de bois ou d'étain de 2 à 3 centimètres de diamètre, épais de 1 centimètre, les deux lèvres font saillie, et les indigènes ont comme un bec de canard. La cloison du nez est perforée et on y introduit soit plusieurs brins de paille, soit un morceau de bois de 10 à 12 centimètres de long. Enfin, les narines sont percées, elles aussi, et servent à porter deux ou trois brins de chaume qui se dressent vers le ciel.

Faut-il dire que chez ces populations on ne s'embrasse jamais; avec tous ces ornements ce serait fort difficile. Mais c'est une coutume que l'on ne retrouve nulle part dans l'Oubangui ; tous les noirs de ce coin d'Afrique ignorent totalement ce que c'est que le baiser.

Pour se saluer, on se passe mutuellement le bras derrière le dos, en restant sur le même plan, et l'on s'étreint ainsi un moment.

La population de tout l'intérieur est fort dense dans le bassin de la basse Kotto, ou dans le Bangui, qui ont été parcourus par l'administrateur Bobichon. De très gros villages de 500 à 1,000 cases sont nombreux, et, dans le pays Bougou, des environs de Mobaye, si les villages sont moins importants, ils sont rarement distants l'un de l'autre de plus de 4 kilomètres.

Les Bougou forment une population très brave qui résiste vigoureusement aux incursions, autrefois annuelles, des Sakkaras de Bangassou. Ne se faisant aucune idée du fusil, ne voyant pas les balles, ils se sont battus en désespérés contre M. de Poumayrac, qu'ils ont tué en 1892, puis contre MM. Liotard, d'Uzès et Julien, qui venaient le venger, et enfin, une troisième fois, contre le capitaine Decazes. Mais maintenant qu'ils ont éprouvé les armes à feu, ils sont revenus à des sentiments plus pacifiques, et entretiennent avec nous d'excellentes relations.

En face de l'ancien poste d'Abiras, quartier général de M. Liotard et du capitaine Decazes, de 1892 à 1894, se réunissent le M'Bomou et l'Ouellé Makoua. Cette dernière rivière est bien, quoi qu'aient pu dire les Belges, la vraie branche-mère de

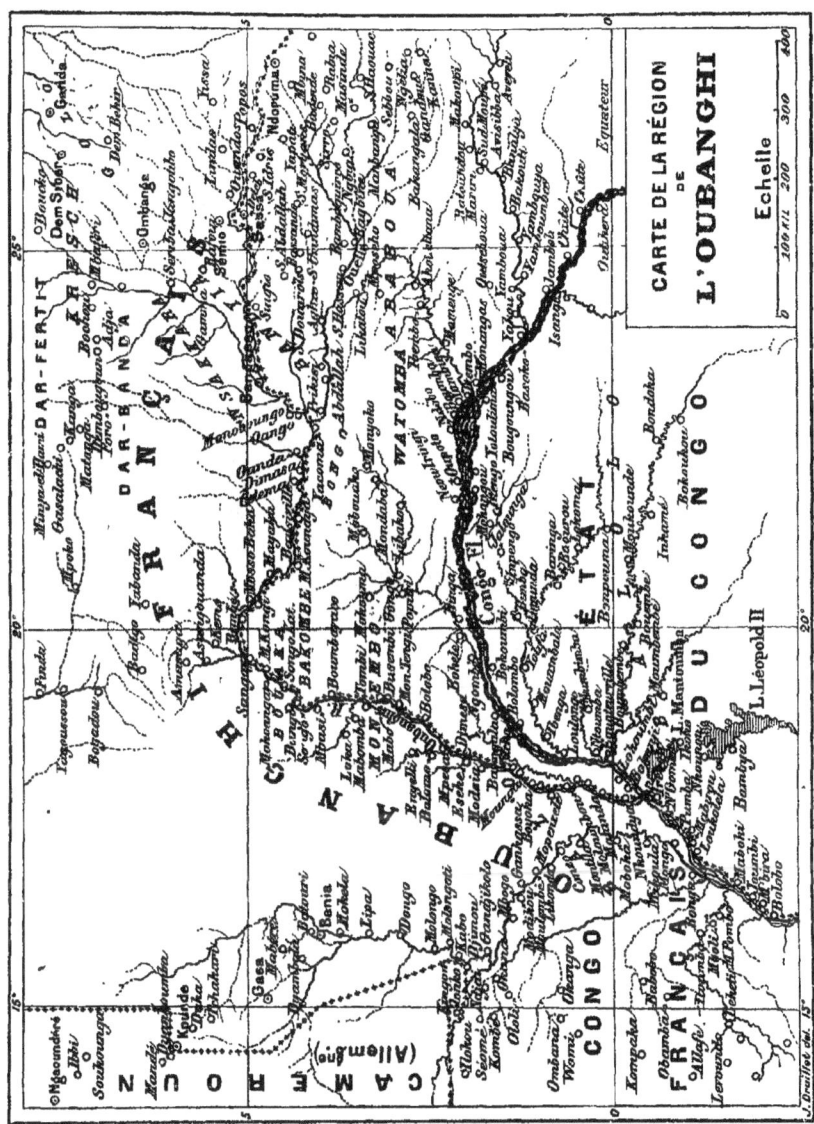

l'Oubangui; son cours est plus long au moins de un tiers, et le volume d'eau qu'elle débite est aussi bien supérieur. L'Ouellé Makoua est la voie de pénétration qui a permis aux Belges d'arriver jusqu'à Lado, sur le Nil, mais leurs transports jusqu'à Djabbir se font non par l'Oubangui mais par le Congo et le Roubi, qu'ils remontent jusqu'à Ibembo.

De ce point on va en huit jours de marche à Djabbir. Ce qui a forcé les Belges à employer cette voie, c'est que toute une série de rapides fort difficiles à franchir s'étend de la chute de Mokouangou à Djabbir. On ne peut les remonter qu'en huit jours et en risquant de nombreux chavirages.

A Ouango, le M'Bomou cesse d'être navigable ; une série de chutes barre la rivière, et on est obligé de les tourner par une route de 13 kilomètres qui aboutit au poste de Gozobangui. De là, jusqu'à Erikassa, on peut naviguer pendant cinq heures de pirogue. Une

LE « FAIDHERBE. »

route de 4 kilomètres permet de tourner le rapide d'Erikassa et aboutit au poste de Bozégui.

De là jusqu'à Ganapia le fleuve est navigable même pour vapeurs, malgré quelques petits rapides. Actuellement, on remonte en sept jours de pirogue. A Ganapia on trouve une série de rapides dont le plus important est celui d'Ingoufourou sur une dizaine de kilomètres. De Ganapia à Sandou, qui est l'embouchure du Chinko, on peut remonter en pirogue en trois jours, malgré quelques rapides. Sandou est à deux heures de marche de notre poste de Rafaï. De Sandou à Baguesse, il faut aller par terre, mais à partir de là jusqu'à la Méré, sur le M'Bomou, on peut naviguer en pirogue, ce qui demande environ quinze jours. Jusqu'en face de Rinda, sur le M'Bokou, on pourrait même employer un bateau à vapeur. La navigation ne peut s'effectuer que pendant trois mois de l'année, car les eaux tombant sur des plateaux ferrugineux peu boisés s'écoulent très vite en causant des crues annuelles très fortes.

La Méré est à 76 kilomètres de Tamboura ; la route franchit la ligne de partage des eaux qui sépare le bassin du Congo de celui du Nil sans rencontrer de gros accidents de terrain.

Le Yobo, affluent du Soueh, est navigable pour des pirogues. Il débouche à une trentaine de kilomètres en amont de Koggialé, le poste-arsenal où l'on a monté le *Faidherbe*. Là, aux basses eaux, le Soueh n'a que 30 à 40 centimètres de profondeur, mais, pendant la saison des pluies, il y a 7 à 8 mètres d'eau, ce qui permet de le remonter en vapeur. Comme le Bahr-el-Ghazal est encombré par

CASES SANGO.

des barrages de sett qui entravent la navigation, la rendent parfois même impossible (Gessi Pacha y a été bloqué pendant trois mois et a failli y mourir de faim avec tout son personnel), le *Faidherbe* a mis quarante jours pour descendre de Fort-Desaix à Fachoda et n'a pu passer que grâce à un labeur acharné de nos braves laptots Bambaras ; il est fort probable que le commerce des pays Dinkas, qui s'étendent entre Ziber, la Meschra et Tamboura, aura son débouché non par le Nil, mais par le M'Bomou, l'Oubangui et le Congo.

Telle est la superbe voie de pénétration qui appartient à la France. Sans rompre charge, les vapeurs vont de Brazzaville à Bangui sur 43 à 1,400 kilomètres de fleuve ; du rapide de l'Éléphant a Ouango, un bief navigable de 500 kilomètres, suivi par deux autres, Gozobanghi-Ingoufourou et Baguessé-Rinda, de 200 et 500 kilomètres, est ouvert à la navigation à vapeur, ce qui fait un total de 2,600 kilomètres. Les pirogues peuvent franchir la région des rapides qui s'étend entre Bangui et Ouadda, et le portage est seulement nécessaire entre Ouango et Bozégui, et entre Ganapia et Baguessé. Si l'on ajoute les affluents qui sont navigables soit en vapeurs soit en pirogues, l'Oubangui nous offre plus de 3,500 kilomètres sur lesquels la navigation est possible.

Voilà ce que la nature nous a fourni. A nous d'en tirer parti en y mettant un matériel fluvial approprié. Nos voisins de l'État indépendant l'ont fort bien compris, et, bien que possédant actuellement une trentaine de bateaux, soit à l'État, soit aux Compagnies commerciales, soit aux Missions, ils n'ont pas hésité à affecter, sur l'emprunt de 12 millions 500,000 francs qu'ils viennent de contracter, une somme de 4,275,000 francs pour construire 16 vapeurs dont 2 de 250 tonnes et 8 de 20 à 40 tonnes. Cette année, ils avaient déjà mis sur chantier 2 vapeurs géants pour le Congo, le *Brabant* et le *Hainaut*, de 250 tonnes chacun. Quant aux sociétés commerciales, elles ont aussi fait mettre 15 vapeurs sur chantier. Grâce à ce matériel fluvial important, un service régulier a été organisé entre Léopoldville et l'embouchure du Rubi. Les départs ont lieu tous les onze jours. Des vapeurs annexes circulent sur le Haut-Congo, le Kassaï, l'Oubangui et les autres affluents du Congo.

Quant à nous, notre flottille comprenait autrefois le *Ballay*, l'*Alima*, le *Djoué*, l'*Oubangui*, le *Courbet*, le *Faidherbe*. Trois d'entre eux ont fait naufrage, le *Ballay* dans le rapide de Mobaye, le *Courbet* et l'*Alima*, l'un en face de Tchoumbéri et l'autre de Loukoléla, où ils dorment par 15 ou 18 mètres de fond. L'*Oubangui* et le *Djoué* ont des coques qui ont besoin d'être complètement refaites. Aussi le gouvernement les a-t-il cédés pour être réparés à la maison Tréchot. Ce sont cinq Nivernais qui ont fondé la seule maison française établie dans le bassin du Congo depuis que la maison Daumas a cédé ses établissements à la société anonyme belge. Les frères Tréchot viennent de faire monter tout dernièrement un petit remorqueur de 13 mètres de long et des chalands.

Le *Faidherbe* a eu une glorieuse carrière. Après avoir rendu de grands services au Congo, il a eu l'honneur de porter le drapeau tricolore à Fachoda après avoir été transporté lui, bateau non démontable, sur 200 kilomètres, dans un pays où il n'y avait ni routes ni aucun moyen de transport autre que l'homme.

Lors du départ du commandant Monteil pour le Congo, on avait décidé d'envoyer deux bateaux pour assurer les ravitaillements. Un seul, le *Jacques d'Uzès*, a pu être monté. Il a maintenant Mobaye pour port d'attache et navigue dans le bief supérieur de l'Oubangui. Le *De Poumeyrac*, moins heureux que lui, n'a pu être mis en chantier, des pièces fort importantes que l'on n'a pu encore remplacer ayant été perdues au passage de la barre du Kouilou.

La Maison hollandaise possède le *Hollande*, le *Frédéric*, la *Wendeline*, l'*Henriette*, l'*Antoinette* et le *Foumou-Ntangou* qui fait actuellement son premier voyage. Les quatre premiers bateaux sont petits; le dernier peut prendre 1,000 à 1,200 charges.

La Mission catholique a un nouveau bateau, le *Léon XIII*, qui a 20 mètres de long sur 3 mètres de large, et un autre tout petit, le *Diatta-Diatta*, qui est presque hors service et qui peut, tout au plus, effectuer les transbordements entre N'Dolo et Brazzaville.

Telle est la flotille qui est à notre disposition pour ravitailler

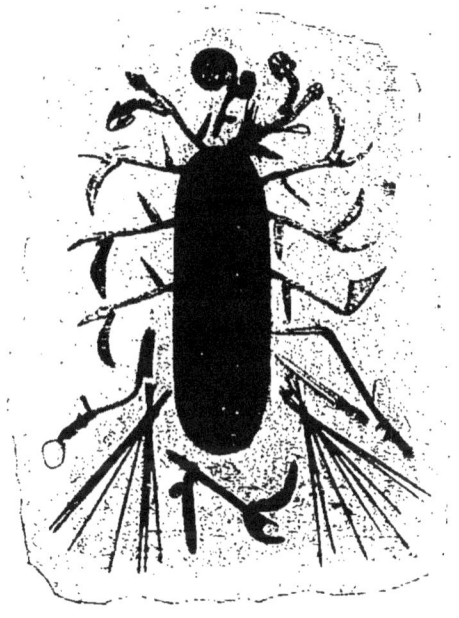

ARMES BOUDOU.

la Sangha, l'Oubangui, le Chari et le Bahr-el-Ghazal. Elle est d'autant plus insuffisante que la Maison hollandaise a un grand nombre de factoreries très importantes du côté des Stanley Falls et du Kassaï, ce qui l'a forcé à n'envoyer dans l'Oubangui depuis plusieurs années qu'un seul bateau, l'*Antoinette*.

Les missionnaires ont aussi besoin de leurs vapeurs pour le ravitaillement de leurs missions. Aussi, lors de la mission Marchand, nous avons été obligé de demander le concours de l'État Indépendant. Il nous a prêté la *Ville de Bruges*, car on croyait l'expédition Dhanis déjà trop loin pour être devancée, et l'on supposait que, la révolte n'étant pas encore connue, on n'avait pas à faire usage de tous les bateaux pour transporter des renforts dans l'Arrouhimi.

Quant au gouvernement, il a besoin de quelques bateaux pour

— 32 —

assurer la police du fleuve, porter des courriers très rapides et faire l'hydrographie de notre réseau fluvial.

Il est à présumer que des études sérieuses pourraient prolonger la navigation aux eaux moyennes et permettraient de franchir certains seuils, grâce à un balisage sommaire ou en faisant sauter quelques roches.

Il est à souhaiter aussi que l'on signe une convention avec une compagnie puissante, organisée comme les Messageries fluviales du Tonkin ou de Cochinchine, qui assurerait un service postal régulier et transporterait nos relèves et nos ravitaillements. Il faudrait qu'elle fît, en même temps, des transports pour les particuliers et les sociétés diverses à un taux qui ne pourrait, en aucun cas, dépasser un tarif fixé, d'accord avec le gouvernement. Ce serait là un véritable outil de colonisation remplaçant les chemins de fer que l'on est obligé de construire dans les régions moins bien favorisées au point de vue hydrographique. De cette façon, les commerçants ne seraient plus forcés de s'occuper d'avoir une flottille à eux et pourraient concentrer tous leurs efforts, tous leurs capitaux vers la mise en valeur du sol et l'exploitation de ce pays si riche en ivoire, en caoutchouc, en café, en tabac.

Georges Bruel,
Administrateur adjoint du Congo français,
breveté de l'École coloniale.

TYPE SANGO.

www.ingramcontent.com/pod-product-compliance
Lightning Source LLC
Chambersburg PA
CBHW060558050426
42451CB00011B/1973